Inhoud:

Deel 1

De REGLEMENTEN van het GEVECHT

De kunst van Strategische voorbede & geestelijk oorlogsvoering

Oorspronkelike titel:

The Rules of Engagement

The Art of Strategic Prayer and Spiritual Warfare

Dr. N.Cindy Trimm

Vertaling door J. A. Rood

DE REGLEMENTEN VAN HET GEVECHT
Nederlandse vertaling:
J. A. Rood, © 2006 THEE ARTIST – Amsterdam Nederland

Oorspronkelijke titel:
DE RULES OF ENGAGEMENT, VOL. I
Door Dr. N. Cindy Trimm
Eerst gepubliseerd door Creation House Press, Lake Mary, Florida, USA. Voor Distributie in Nederland © 2005 Creation House Press. Alle rechten voorbehouden. 2006 - eerste vertaling.
Voor andere vertalingen: Strang Communications,
600 Rinehart Road, Lake Mary, Florida 32746 USA, Fax nr. 407-333-7147 www.creationhouse.com

Origineel ontwerp omslag door Terry Clifton
Nederlandse ontwerp van de omslag THEE ARTIST
Copyright © 2005 door Dr. N. Cindy Trimm
ISBN nummer: 2005927879
Internationaal Standaard Boek Nummer: 1-59185-821-6
Eerste Editie 0506070809-987654321
De engelse versie is gedrukt in de Verenigde Staten van Amerika.

Inleiding:

In Psalm 144:1-15 staat het gebed van een bekwaam militair vermeld, genaamd David.
Van jongs af aan als herdersjongen tot de dag dat hij als koning regeerde over Israël, had God hem begiftigd met de kunst, de wetenschap en de technieken van strategisch gebed en geestelijke oorlogsvoering. Zijn vaardigheid en ervaring namen toe doordat God, in Zijn soevereiniteit, hem temidden van verschillende oorlogen plaatste, verschillend van vechten tegen beren en leeuwen, tot zijn confrontatie met Goliath, en de strijd tegen zijn eigen zoon Absalom, wiens uitdagende opstand bijna leidde tot de totale neergang van zijn koninkrijk.

In deze Psalm laat David ons weten dat het Jehovah Gibbor, de Machtige Strijdheld, was die hem onderwees in de strategieën en tactieken, en dat Hij het was die voorzag met Goddelijke bekrachtiging voor succes.
Hij verheft zijn stem met lofverheffingen om God te eren, die zijn Krachtbron is. Hij verklaart, Geprezen zij de Heer, mijn Rots die mijn handen oefent ten strijde, mijn vingers tot de krijg. Mijn goedertierenheid en mijn vesting, mijn burcht en mijn bevrijder, mijn schild bij wie ik schuil, die volken aan mij onderwerpt. (Psalm 144:1-2)

Uit de levenservaringen van David ben ik tot een conclusie gekomen, n.l. dat er maar één manier is om een bekwaam soldaat te worden en dat is te midden van het gevecht. Het is slechts wanneer u in de vuuroven van beproeving wordt geplaatst en de hel om u heen losbreekt, dat u werkelijk getraind kan worden in de kunst van strategisch gebed en geestelijke oorlogsvoering.

Oefening baart geen kunst, perfecte beoefening baart perfecte kunst. U zal nooit het niveau van training krijgen welke u bekwaam maakt om een effectieve voorbidder te zijn door slechts “oorlogsspelletjes.” U zal de strijd en de vijand werkelijk onder ogen moeten zien. God zal u te midden van een echte strijd trainen, zodat u ook de werkelijke ervaring ervan opdoet. Het simpelweg lezen van de Bijbel of het bezoeken van workshops, of conferenties zal u nooit tot een effectieve strijder maken. In spreuken lezen wij dat kennis zonder ervaring, dwaasheid is.
Dit is het eerste deel van een serie van acht boekjes. Elk bevel is Schriftuurlijk onderlegd. Ik heb verwezen naar de teksten waaruit de constructie is opgemaakt. Gebruik dit gebed dagelijks.

Bid het hardop. Memoriseer het. Gebruik de schriftgedeelten voor uw dagelijkse stille tijd. Bestudeer ze. Ze zullen u bekrachtigen om de goede strijd des geloofs te strijden. Voeg dit gebed van oorlogsvoering toe aan de andere delen van de serie die nog volgen. En zie dat omstandigheden en situaties ten goede veranderen. Onthoud dat het slechts is wanneer u te midden van een gevecht of onmogelijke situatie geplaatst wordt, en niets en niemand anders dan God alleen u uitredding kan geven dat de werkelijke "strijder" geboren word. In plaats van op te geven, toe te geven, of ten prooi te vallen aan de strategieën van de vijand, bedenk dat tijden van moeite, testen en verleidingen, een Goddelijke mogelijkheid zijn om getraind te worden in de kunst van strategisch gebed en geestelijke oorlogsvoering.

Wees verzekerd dat deze onvervalste trainingsgronden die God voor u heeft uitgekozen, u zullen brengen in uw ware gebied van heerschappij. Zoals het was voor David, zullen deze gronden die God gebruikt om u te trainen voor het ultieme; n.l. het maximaliseren van uw potenties en de vervulling van uw bestemming.

De bijbel verklaart dat gelovigen moeten bidden en niet verslappen, zodat de satan geen voordeel op ons behaalt; zijn listen zijn ons niet onbekend. (Lucas 18:1-2; 2 Korintiërs 2:11) Satan is altijd bezig met listen om het overlijden van christenen te plannen. U zult Paulus zijn apostolische aanwijzingen aan Timotheus ter harte moeten nemen, wanneer u geestelijk succes en vooruitgang wilt boeken met voorbede. U zult moeten beginnen te strijden voor uw Goddelijke bestemming en doel door het effectief gebruiken van Gods Woord. Paulus noemt het profetieën.
Hij bekrachtigd Timotheus in 1 Tim.1:18-19 *overeenkomstig de profetieën, die vroeger aangaande u zijn uitgesproken, opdat gij, u daarnaar richtend, de goede strijd strijdt met geloof en met een goed geweten. Omdat sommigen dit hebben verworpen,*

heeft hun geloof schipbreuk geleden. De vijand zou maar al te graag zien dat uw leven, uw relaties en bediening slechts schipbreuk zou lijden. Maar u moet leren om elke profetie die God over uw leven heeft uitgesproken effectief te gebruiken als offensief wapen tegen de aanvallen van de vijand. Wanneer ik spreek over profetieën dan, bedoel ik het Woord van God, welke Efeze 6:17 noemt het "Zwaard des Geestes." De Bijbel is een conglomeraat van profetieën en beloften, welke u kan gebruiken als wapenen tegen de vijand.

In plaats van voor het probleem te bidden, bid & belijd de belofte! In plaats van voor uw bezorgdheid te bidden, bid het Woord van God! Toen de vijand een puinhoop maakte van deze wereld zoals Genesis 1. ons uitlegt, gebruikte God woorden. (de geest van Zijn mond) om de wereld weer op één lijn met Zijn originele plan en ontwerp te brengen. Omdat we zijn gemaakt naar Zijn beeld en gelijkenis, hebben wij ook dezelfde kracht. (zie Genesis 1:26) Het is de kracht van het gesproken woord, dat ons leven of dood geeft en dat tevens vrijzet zegeningen of vloeken. (zie Spreuken 18:21)

U moet dus effectief gezalfde woorden gebruiken, om de werken van de vijand in uw leven, huis, bediening, leefgemeenschap, en ten slotte de wereld te vernietigen. God verklaart in 2 Thess. 2:8, dat satan gedood zal worden door de adem van Zijn mond (geest van Zijn Woord), en vernietigd door de helderheid van Zijn verschijning (dat is Zijn zalving). Jukken worden vernietigd, lasten verwijderd, uw leven en het leven van uw geliefden zullen een revolutie meemaken, uw bediening ontvangt nieuwe energie, en de vijand zal bevreesd raken als u eenmaal begint om gezalfde “Woordgebeden” op te zenden.

De Bijbel verklaart in Job 22:27-28 dat wij tot Hem moeten bidden, de engelse vertaling zegt; dat wij onze gemaakte “woordgebeden” tot Hem moeten richten, en Hij zal ons verhoren.
Het woord maken betekent, samenstellen, bouwen of ontwerpen. Elkeen van de volgende verklaringen, zijn gemaakt, samengesteld, of ontworpen op grond van Gods Woord. Daarom staat er bij iedere verklaring ook de tekst verwijzing, tevens vind u achterin dit boek ook een overzicht van uitleg van sommige woorden, zodat u meer inzicht en begrip mag hebben.

Wanneer u bidt, bid met de zekerheid dat de poorten van de hel u niet zullen overweldigen! (Matheus 16:18-19) In deze eindtijd is God gebedsstrijders aan het opstellen en oprichten welke gezalfd zijn om jurisdictie te hebben, autoriteit over de machten der duisternis, zodat families, samenlevingen, overheid, ministeries, corporaties, landen, koninkrijken, en natiën teruggebracht worden in hun goddelijke bestemming, en dat individuen hun doel mogen vervullen en hun potentieel maximaliseren.

Dit komt tot stand door effectief de plannen en doelen van God te forceren boven de plannen van satan uit, dit door het effectief gebruiken van het

Woord Gods! De Heilige Geest word een type beeld van een Sergeant die verantwoordelijk is voor onze driltraining in de vaardigheid van strategische voorbede en geestelijke oorlogsvoering. Hij zal u ook trainen om een sluipschutter te worden in de geestelijke dimensie, en u bekwamen om de snelste demonische en satanische acties en plannen te ontmantelen! Net als David zal Hij u trainen om de spreekwoordelijke beer, leeuw en reus te verslaan. Het is mijn gebed dat terwijl u de principes en strategieën in dit boek beschreven leert, God u opricht tot een geestelijke Eindtijd strijder en sluipschutter.

Tijdens uw gebedstijd kan de Here zelfs de geest van een wachter op u plaatsen, en zult u in staat zijn om activiteiten te ontwaren van Goddelijke of demonische aard. (zie Ezechiël 3:17) Als ze Goddelijk zijn, zegevier dan in gebed zeggend; “Uw koninkrijk kome, en Uw wil geschiedde” (Matheus 6:10). Als het demonisch is, bid dan ertegen terwijl u de reglementen van het gevecht, toepast. De Bijbel leert ons dat er kracht is in getallen, want er staat duidelijk dat als “twee iets eenparig begeren het hun ten deel zal vallen,” en dat “één er duizend op de vlucht kan doen laten gaan maar twee tienduizend” (Matheus 18:19; Deut. 32:30).

Samen bidden met anderen versterkt uw grond. Maar desalniettemin verkrijgen we niet altijd het gewenste resultaat als wij in groepen bidden, of met anderen, de reden daarvoor is dat veelal individuen van deze groep in verschillende fases van geestelijke volwassenheid verkeren en daardoor de last niet kunnen dragen. Of we gebruiken verschillende strategieën door elkaar, verschillende tactieken, en woorden. Ik ben zelfs getuige geweest van groepen waar men kwam om samen te bidden, terwijl de agenda van de individuen verschilden van de groep.

De duivel weet als geen ander, dat God Zijn zegen gebied temidden van eenheid (zie Psalm 133:1-3) en hij zal altijd proberen om de geest van eenheid te saboteren, dat terwijl we samen zijn op één plaats we toch niet één van gedachten, doel, noch taal zijn, want dit is ware eenheid. Ik wil ten sterkste aanbevelen dat als de gemeente samenkomt om te bidden, de gehele groep, bidt vanuit dezelfde houding, één taal spreekt en overeenstemt met één doel voor ogen.

Dit boek is geschreven om hierin te voorzien, zodat zowel pasbekeerden als veteranen op hetzelfde niveau van intensiteit en effectiviteit kunnen bidden. Dit boek is bedoeld om dit niveau van eenheid te bewerkstelligen zodat we eenparig kunnen begeren in Jezus Naam. Wanneer we specifieke dingen vragen aangaande de gemeente, de bediening, of organisaties, dan is het belangrijk dat alle geestelijke activiteiten nauwkeurig zijn vastgelegd en onderworpen aan de leidinggevende van de geestelijke oorlogsvoering, het gebedsteam, en de pastor, zodat uw inzichten accuraat beoordeeld worden en u de volle steun en versterking mag ontvangen in gebed.
De bedoeling van dit gebed is u te helpen om effectief te vechten in de hemelse gewesten zodat uw gebied vergroot mag worden en u zeggenschap heeft en

kracht, zodat het koninkrijk van God uitgebreid en bevestigd wordt in nieuwe gebieden en regionen, en aardse domeinen, en om onszelf te verplaatsen van een defensieve naar een offensieve positie op geestelijk gebied (zie Daniël 9:1-12:3; Efeziërs 6:11-18, Openbaring 12:4, 7-9).

Ik heb ontdekt dat hoewel mijn gebeden voorheen oprecht en op de Bijbel gebaseerd waren, vele daarvan blijkbaar gesaboteerd, of met tegenaanvallen getackeld werden door de vijand.
Toen ik bad en God vroeg hoe dat kon, liet Hij me zien dat ik wel ernstig maar niet effectief bad, omdat ik verkeerd bad; ik bad vanuit het verkeerde perspectief en vanuit de verkeerde positie.

Satan was in staat de bovenhand te houden in mijn oorlogsvoering omdat ik onwetend 'aards gericht' bad. Hij vertelde me dat ik de strijd moest voeren op de juiste plaats, daar waar het thuishoort; in de hemelse gewesten. Hij herinnerde me er ook aan dat ik gezeten ben in de hemelse gewesten met Christus, boven overheden en machten (zie Efeziërs 2:20-22; 3:6). Toen realiseerde ik me dat zij niet boven mij waren, mijn toekomst bedrukkend en bepalend met hun duivelse activiteiten, maar ik was boven hun! Bewapend en gevaarlijk nu met deze openbaring, was ik in staat mijn gebeden zodanig te bekrachtigen met autoriteit en zekerheid wetende dat wat ik ook bid, ik dat zal ontvangen (zie Marcus 11:23-24.)
Als u begint te bidden, vergeet niet uw legale rechten en geestelijke autoriteit te gebruiken. God heeft uw vijanden onder uw voeten geplaatst en u kracht

gegeven om op slangen en schorpioenen te treden, en over de gehele legermacht van de vijand, en niets zal u enig kwaad kunnen doen! “Evenwel, verheugt u niet hierover, dat de geesten zich aan u onderwerpen” (Lucas 10:20). Betoon geen genade aan de vijand als u deze strategieën en tactieken verder ontwikkeld.

Overeenkomstig 2 Korintiërs 2:14, zal God ons te allen tijde doen zegevieren. Vergeet niet dat als u bid u niet te strijden heeft tegen vlees en bloed, maar tegen geesten die mensen als tussenpersoon gebruiken om hun doel te vervullen hier op aarde. Sinds uw wapens niet vleselijk zijn, maar machtig door God (2 Korintiërs10:4), zal geen wapen tegen u gesmeed zijn stand houden, en elke tong die zich in het gericht tot u keert in het ongelijk gesteld worden. Dit is de erfenis van de dienaren van de Heer en hun recht van Mijnentwege, luidt het woord des HEREN (Jesaja 54:17).

deel 1

Instructies

Wees er zeker van dat u alle juiste gereedschappen heeft, u zult nodig hebben:

- **Een bijbel-** wellicht wil God tot u spreken tijdens het gebed, verdere instructies geven, openbaringen geven. Onthoudt alles moet overeenstemmen met Zijn Woord.
- **Het gebedsjournaal (tevens van dr. C. Trimm)** - Een kladblok – pen – cassetterecorder (optioneel) zodat u kunt opschrijven wat God gaat doen, of tot u spreekt
- **Partner in de strategische voorbede** – zodat uw gebedsleven verrijkt en versterkt mag worden. (u kunt b.v. gebruik maken van de overige series en materialen van Strategische voorbede zie daarvoor de lijst op pagina 28).

Pas de juiste voorbereiding toe:

A. **Bidden in tongen** (zie 1 Korintiërs 14:15). *Hoe staat het dan? Ik zal bidden met mijn geest, maar ook bidden met mijn verstand; ik zal lof zingen met mijn geest, maar ook lof zingen met mijn verstand.*
B. **Aanwakkeren/ onszelf opbouwen** (1 Korintiërs 14:4; Judas 20) *Wie in een tong spreekt, sticht zichzelf, maar wie profeteert,*

sticht de gemeente. Maar gij, geliefden, bewaart uzelf in de liefde Gods, door uzelf op te bouwen in uw allerheiligst geloof en door te bidden in de Heilige Geest.

C. **Spendeer tijd om te lofprijzen, aanbidden, dank te zeggen.**

D. **Bid het volgende gebed:**

Hemelse Vader in de Naam van Jezus, ga ik uw poorten met dankzegging binnen, en uw voorhoven met lofzang. Ik prijs Uw Naam. U bent groot, en zeer te prijzen. Ik aanbid U en verhoog U…….(ga door met aanbidden, en dank Hem voor gezondheid, kracht enz.).
Ik dank U Vader, dat u mij bekleed heeft met uw kleed van gerechtigheid, welke mij bedekt vanwege het vergoten bloed van Jezus Christus. Mijn leven is uit God en vindt zijn doel in Hem. (Psalm 100:4; Jesaja 61:10; Handelingen 17:28)

E. **Belijd uw zonden (Psalm 24:3 /Spreuken 28:13)** *Wie mag de berg des HEREN beklimmen, wie mag staan in zijn heilige stede? Die rein is van handen en zuiver van hart, die zijn ziel niet op valsheid richt, noch bedrieglijk zweert. Wie zijn overtredingen bedekt, zal niet voorspoedig zijn; maar wie ze belijdt en nalaat, die vindt ontferming.*

F. **Onderzoek uzelf** en zie of u nog zonden moet belijden, of iemand moet vergeven.

Zet deze persoon dan vrij door hem of haar te vergeven.

G. **Werp al uw bekommernis op Hem,** en onthoudt dat u deze geestelijke strijdt niet in uw eigen kracht, maar in de kracht van de Heer strijdt.

Behoud het juiste:

Perspectief:

A. Wij zien vanuit de hemel (Openbaring 4:1) *Na deze dingen zag ik, en zie, er was een deur geopend in de hemel; en de eerste stem, die ik gehoord had, alsof een bazuin met mij sprak, zeide: Klim hierheen op en ik zal u tonen, wat na dezen geschieden moet.*

B. Ver boven alle overheden en machten (Efeziërs 1:21 / Kollossenzen 1:18) *En Hij heeft alles onder zijn voeten gesteld en Hem als hoofd boven al wat is, gegeven aan de gemeente, die zijn lichaam is, vervuld met Hem, die alles in allen volmaakt en Hij is het hoofd van het lichaam, de gemeente. Hij is het begin, de eerstgeborene uit de doden, zodat Hij onder alles de eerste geworden is.*

Houding:

A. **Sta offensief,** dwz aanvallend! (Efeziërs 6:12) *want wij hebben niet te worstelen tegen bloed en vlees, maar tegen* *de overheden, tegen de machten, tegen de wereldbeheersers dezer duisternis, tegen de boze geesten in de hemelse gewesten.*

B. **Sta Vast,** wijk niet (Efeziërs 6:13) *Neemt daarom de wapenrusting Gods, om weerstand te kunnen bieden in de boze dag en om, uw taak geheel vervuld hebbende, stand te houden.*

C. **Sta bewapend en gevaarlijk** (2 Korintiërs 10:4-5) *want de wapenen van onze veldtocht zijn niet vleselijk, maar krachtig voor God tot het slechten van bolwerken, zodat wij de redeneringen en elke schans, die opgeworpen wordt tegen de kennis van God, slechten, elk bedenksel als krijgsgevangene brengen onder de gehoorzaamheid aan Christus.*

Positie:

A. In de hemelse gewesten, in Christus Jezus (Efeziërs 2:6)

B. Onthoud zoals Hij in de wereld is zo zijn wij dat ook – (Johannes 14:17) *de Geest der waarheid, die de wereld niet kan ontvangen, want zij ziet Hem niet en kent Hem niet; maar gij kent Hem, want Hij blijft bij u en zal in u zijn.*

C. Bid gebeden vanuit de Troon van God; (Hebreeën 4:14-16, 8:1-5, 10:19-23)

Weet dat u vanuit de juiste positie, met het juiste perspectief, met vertrouwen en zekerheid mag weten dat uw gebeden en smeekbeden, gehoord en verhoord worden!
(1 Johannes 5:14-15) *En dit is de vrijmoedigheid, die wij tegenover Hem hebben, dat Hij, indien wij iets bidden naar zijn wil, ons verhoort. En indien wij weten, dat Hij ons verhoort, wat wij ook bidden, weten wij, dat wij de beden verkregen hebben, die wij van Hem hebben gebeden.*

Weet dat u niet bid vanuit een zielige positie staande op aarde proberende de aanvallen uit de hemelse gewesten op u neer geslingerd te stoppen, maar offensief! U bidt dit gebed vanuit uw Hemelse positie in Christus Jezus, die is verhoogd boven alle overheden en machten, die is het Hoofd van de gemeente, van welke u deel uitmaakt als Zijn Lichaam op aarde. U bidt offensief, in de Hemelse gewesten waar u macht ontvangen heeft over alle macht van de vijand. (Efeziërs 1:21-23, 2:6; Fillipenzen 2:5-11; Lucas 10:19).
Boven alle overheid en macht en kracht en heerschappij en alle naam, die genoemd wordt niet alleen in deze, maar ook in de toekomende eeuw.
Fillipenzen 2:5-11 *Laat die gezindheid bij u zijn, welke ook in Christus Jezus was, die, in de gestalte Gods zijnde, het Gode gelijk zijn niet als een roof heeft geacht, maar Zichzelf ontledigd heeft, en de gestalte van een dienstknecht heeft aangenomen, en aan de mensen gelijk geworden is. En in zijn uiterlijk als een mens bevonden, heeft Hij Zich vernederd en is gehoorzaam geworden tot de dood, ja, tot*

de dood des kruises. Daarom heeft God Hem ook uitermate verhoogd en Hem de naam boven alle naam geschonken, opdat in de naam van Jezus zich alle knie zou buigen van hen, die in de hemel en die op de aarde en die onder de aarde zijn, en alle tong zou belijden: Jezus Christus is Here, tot eer van God, de Vader! Lucas 10:19 *Zie, Ik heb u macht gegeven om op slangen en schorpioenen te treden en tegen de gehele legermacht van de vijand; en niets zal u enig kwaad doen.*

verzeker u van de juiste kleding !!

A. Maar doet de Here Jezus Christus aan en wijdt geen zorg aan het vlees, zodat begeerten worden opgewekt (Romeinen 13:14; Galaten 5:19-21). *Galaten 5:19-21 Het is duidelijk, wat de werken van het vlees zijn: hoererij, onreinheid, losbandigheid, afgoderij, toverij, veten, twist, afgunst, uitbarstingen van toorn, zelfzucht, tweedracht, partijschappen, nijd, dronkenschap, brasserijen en dergelijke, waarvoor ik u waarschuw, zoals ik u gewaarschuwd heb, dat wie dergelijke dingen bedrijven, het Koninkrijk Gods niet zullen beërven.*

B. Wees totaal bepantserd met uw totale wapenrusting (Efeziërs 6:13-17**).** *Neemt daarom de wapenrusting Gods, om weerstand te kunnen bieden in de boze dag en om, uw taak geheel vervuld hebbende, stand te houden. Stelt u dan op, uw lendenen omgord met de waarheid, bekleed met het pantser der gerechtigheid, de* *voeten geschoeid met de bereidvaardigheid van het evangelie des vredes; neemt bij dit alles het schild des geloofs ter hand, waarmede gij al de brandende pijlen van de boze zult kunnen doven; en neemt de helm des heils aan en het zwaard des Geestes, dat is het woord van God.*

Gebruik effectief uw autoriteit:

A. Het bloed van Jezus
(Hebreeën 10:19-23) *Daar wij dan, broeders, volle vrijmoedigheid bezitten om in te gaan in het heiligdom door het bloed van Jezus, langs de nieuwe en levende weg, die Hij ons ingewijd heeft, door het voorhangsel, dat is, zijn vlees, en wij een grote priester over het huis Gods hebben, laten wij toetreden met een waarachtig hart, in volle verzekerdheid des geloofs, met een hart, dat door besprenging gezuiverd is van besef van kwaad, en met een lichaam, dat gewassen is met zuiver water.*

B. De Naam van Jezus Christus (Fillipenzen 2:9-11) *Daarom heeft God Hem ook uitermate verhoogd en Hem de naam boven alle naam geschonken, opdat in de naam van Jezus zich alle knie zou buigen van hen, die in de hemel en die op de aarde en die onder de aarde zijn, en alle tong zou belijden: Jezus Christus is Here, tot eer van God, de Vader!*

C. **De autoriteit van Het Woord - Het zwaard des Geestes (Efeziërs 6:16-18)** *neemt bij dit alles het schild des geloofs ter hand, waarmede gij al de brandende pijlen van de boze zult kunnen doven; en neemt de helm des heils aan en het zwaard des Geestes, dat is het woord van God.*

D. **God heeft satan onder uw voeten gesteld! Neem daarom de overwinning zonder compromis!**
(Efeziërs 6:16-18) En bidt daarbij met aanhoudend bidden en smeken bij elke gelegenheid in de Geest, daartoe wakende met alle volharding en smeking voor alle heiligen; (Deut. 7:1-2; Lucas 10:19; Efeziërs 6:11-18). *Wanneer de HERE, uw God, u in het land gebracht zal hebben, dat gij in bezit gaat nemen, en Hij voor u uit vele volken verdreven zal hebben, de Hethieten, de Girgasieten, de Amorieten, de Kanaanieten, de Perizzieten, de Chiwwieten, en de Jebusieten, zeven volken, talrijker en machtiger dan gij, en de HERE, uw God, hen aan u overgeleverd zal hebben, zodat gij hen verslaat, dan zult gij hen volkomen met de ban slaan; gij zult met hen geen verbond sluiten en hun geen genade verlenen.*

Gebruik uw wapens zoals:

A. Het zwaard des Geestes
B. Het bloed
C. De Zalving
D. Marcheren/ lopen/ stampen/ dansen
E. Klappen
F. Stilte
G. Schreeuwen
H. Bidden in tongen
I. Tienden geven
J. Offers geven
K. Luid roepen

Lees dit gebed niet slechts; maar bid het hardop! Bid dit gebed dagelijks voor ten minste 1 maand, en u zult zien hoe God uw situaties ten goede keert!

deel II

Activering

Als Gods officiële wetgever en uitvoerder:

Kom ik in de Naam boven alle Naam, in de Naam van de opgestane Jezus, die ik dien. "Dat in Zijn Naam alle knie moet buigen, in de hemel op de aarde en onder de aarde, en elke tong moet belijden dat Jezus is Heer" (Fillippenzen 2:10-11; Psalm 82:1-8).

Ik gebied tot stand te komen Gods originele plannen boven de plannen van Satan.
(Daniël 6:1-28)

Ik verklaar en gebied dat in deze strijd geen wapen van binnenuit noch buitenaf, zij het emotioneel, zij het financieel, sociaal of psychologisch, geestelijk, of georganiseerd, tegen mij zal kunnen standhouden (1 Samuel 17:47; Jesaja 54:17; Jeremia 51:20; Johannes 14:30;
2 Korintiërs 7:5; Efeziërs 4:27).

Ik plaats op mijzelf de wapenrusting van licht en van Jezus (Romeinen 13:12; Efeziërs 6:13-17).

- Ik omgord mijn Lendenen met de Waarheid (Efeziërs 6:14; Psalm 51)

- Mijn Borst en hart zijn beschermd met het pantser der gerechtigheid (Psalm 5:12; 2 Korintiërs 6:7)

- Mijn Voeten zijn geschoeid met het evangelie van vrede (Jesaja 52:7)
- Ik hef op het Schild van geloof om mij zowel offensief als defensief te beschermen (Hebreeën 10:38, 11:1,6)
- Ik plaats op mijn hoofd de Helm van Heil (Jesaja 59:17; 1 Thess. 5:8)
- Ik trek het Zwaard des Geestes welke is het Woord van God (Openbaringen 1:16; Efeziërs 6:17)
- Ik bekleed mijzelf met Jezus… (Romeinen 13:14)
- Ik trek aan het Kleed van gerechtigheid… (Jesaja 61:10)
- De glorie van God is mijn achterhoede (Jesaja 58:8)

Ik verklaar dat de wapenen van mijn veldtocht niet vleselijk zijn, maar krachtig voor God tot het slechten van bolwerken (2 Korintiërs 10:3-6; Efeziërs 6:13-18; Romeinen 13:12; 1 Samuel 17:45).

Ik haal naar beneden en vernietig, bolwerken en alle gedachten, hoge schansen, die zich opwerpen tegen de kennis van Jezus Christus! Mijn gedachten zijn nu onderworpen aan het koningschap van Christus (2 Korintiërs 10:5; Jesaja 14:13; Ezechiël 28:2).

Ik proclameer en spreek in geloof, dat Gods zalving ieder juk in mijn leven, mijn ziel, en geest vernietigt. En dat mijn lichaam vanaf nu functioneert in overeenstemming met het Goddelijk plan voor mij (1 Korintiërs 9:27, 14:40).

Ik verklaar dat ik genezen en gezond ben, vol van de Heilige Geest, ziekte moet ver van mij blijven (Jesaja 53:5).

Ik stel in Heilige grenzen, welke bewaken dat de wetten van Gods koninkrijk in mijn leven gehandhaafd blijven (1 Korintiërs 4:10; Psalm 147:4; Jesaja 60:18).

Ik kom op tegen elke aanval uit de duisternis, en ik gebied te stoppen elke vorm van duistere orde, mandaat, bevruchting, verstoring die opkomt tegen mijn leven, mijn bediening, en mijn familie (Matteüs 18:18).

Elke aanval, en grensbepaling **breng ik terug naar nul,** wat betreft mijn bediening, mijn leven, de levens van mijn familieleden, mijn vrienden en kennissen (Jesja 38:1-5, 39:6-8; Matteüs 16:19).

Ik neem controle over de hemelse atmosferen, buitenaardse atmosferen, strato en hemi-sferen, geestelijke ruimten, regionen en domeinen (Jeremia 1:10; Matteüs 16:19, 18:18; Efeziërs 2:6; 1 Korintiërs 6:2-3; Openbaringen 5:10, 11:12).

Ik ontmantel overheden, en neem in dienst Michael, de aartsengelen, en de hemelse legers van engelen van God, om op te komen tegen elke satanische tegenstand, afgevaardigden van de hel en contra aanvallen uit de duisternis, tegen deze gebeden opgezonden tot God (Daniël 3:24-25, 6:22, 10:13; Hebreeën 1:14; Psalm 91:11, 103:20; 2 Kronieken 32:21; 2 Koningen 7:5-7).

Ik verklaar, succesvolle goddelijke werken van Gods engelen, alle werken van bijstand en bekrachtiging overeenkomstig Psalm 103:20 **(***Looft de HERE, gij zijn engelen, gij krachtige helden die zijn woord volvoert, luisterend naar de klank van zijn woord. Looft de HERE, al zijn heerscharen, gij zijn dienaren, die zijn wil volbrengt***).** Zij zullen mij persoonlijk, en mijn bezittingen beschermen (2 Koningen 6:17; Daniël 3:15-30; Handelingen 12:1-10).

Ik roep de **Naam van Jehova Gibbor** aan!
De Machtige Strijdheld! (Jesaja 42:13)
De HERE trekt uit als een held; als een krijgsman doet Hij de strijdlust ontbranden; Hij heft de strijdkreet aan, ja schreeuwt die uit; Hij betoont Zich een held tegen zijn vijanden.

Twist wie tegen mij twisten, vecht tegen hen die mij bevechten, neem uw schild en zwaard mij ter hulpe, trek uw speer en zwaard uit, en sta op tegen hen die mij achtervolgen. Bekleed Uzelf in uw harnas, verzamel uw wapenen en uw Goddelijk arsenaal. Maak scherp uw pijlen, laat uw wraak uw doel zijn als u omvergooid de wagens, paarden en rijders. Laat angst het hart van al mijn vijanden vervullen, en dat ze alle moed opgeven.

Ik verklaar dat ik met U, op een legerbende in ren, over muren spring. U bent mijn God, die mij sterkt en mijn paden effent. U maakt mijn voeten als die der hinden, die mij stabiel maken en vooruit doen gaan op de gevaarlijke hoogten van toetsen en problemen. U zet mij vast op hogere hoogten, U oefent mijn handen voor de strijd, mijn vingers tot vechten, doordat U mij geeft bovennatuurlijke kracht en mogelijkheden. En mijn armen de bogen van ijzer breken. U bent mijn vaste Rots mijn burcht op wie ik bouw.

U heeft mij bekleed met het schild van Redding, en uw rechterhand maakt mij tot overwinnaar in deze strijd. Sla mijn vijanden neer. Geef mij hun nek, maak dat ik hen achtervolg en neerhaal, totdat ze verwond en verpulverd zijn, gevallen aan mijn voeten om nooit meer op te staan. Bevestig mijn naam in de hemelen, zodat wie van mij horen zich onderwerpen en gehoorzamen!

Ik verklaar dat U het bent Jezus, en U alleen die mij gezegend heeft. U bent het die mij bekrachtigt, niet door kracht noch door geweld, maar door de Geest van God, als de vijand binnen wil stromen als een vloed, dan verheft U de banier over mij (Exodus15:3; Deut. 32:41-42; Psalm 7:13, 18:29-50, 35:1-8, 144:5-7; Jesaja 42:13-14, 59:16-19; Haggai 2:22).

Ik verbied en ontmantel verdere satanische aanvallen en activiteiten door personen met een satanische opdracht om mijn bediening, leven, mijn familie, te verstoren. Ik kom op tegen deze duistere activiteiten.

Vreest toch niet voor hen; denkt aan de grote en geduchte Here en strijdt voor uw broeders, uw zonen en uw dochters, uw vrouwen en uw huizen (Nehemia 4:14).

Ik verhinder en vernietig elke demonische vorm van onderschepping en weerstand, in de naam van Jezus (Daniël 10:1-13).

Ik wedersta ieder satanisch standpunt, iedere intentie, elke provocatie, en onderhandeling omtrent mijn leven en mijn ziel. Alle machten en krachten bestemd om mij tegen te werken en tegen te houden zullen niets uitwerken. Ik vaag ze weg, en ik breng daarvoor in de plaats, Goddelijke bestemmingen, Profetische doelen, en Goddelijke doelen in mijn leven zowel nu als in de toekomst (1 Kronieken 21:1-2; 1 Samuel 1:1-8; 1 Koningen 22:1-23; Job 1:7-12; 3:25; Judas 1:9).

Ik bind satanische treiter acties, en bestraf satanische concentraties, ik breng tot halt en verbied alle satanische controles en toezicht.
(Marcus 11:18; Matteus 26:4; Handelingen 16:16-19, 1 Samuël 18:1-30) *en zij beraamden een plan om Jezus door list in handen te krijgen en te doden.*

Ik verwijder valse lasten, en gevoelens van bezwaardheid, lasten van depressie, en oppressie. Ik werp ze op de Here, die mij opricht. Ik zal niet bezwijken (Jesaja 10:27, Psalm 12:5, 54:22, 55:22; Johannes 14:1; Matteus 11:28-30). *Werp uw bekommernis op de HERE, Hij zal voor u zorgen;*

Hij zal nimmermeer toelaten, dat de rechtvaardige wankelt.

Ik beveel en verklaar dat door de zalving, elk verbond, elk contract, elke ketting, keten, binding, neiging en gevangenschap die opkomt tegen de vervulling van Gods plan in mijn leven is vernietigd. Ik ben bevrijd van generatie vloeken, satanische en demonische verbonden, vrij van ziele bindingen, geesten die overdraagbaar zijn door erfenis, en vrij van elke vorm van vervloeking. Ik hak ze door met het zwaard des Geestes, het Bloed en door de Heilige Geest. Ik spreek tot mijn DNA en verklaar dat ik vrij ben van welke invloed dan ook die doorgegeven werd door mijn bloedlijn van één generatie naar de volgende, zowel biologisch, sociaal, emotioneel, lichamelijk, psychologisch, geestelijk, of door welk ander kanaal mij onbekend, maar bekend bij God.

Ik wedersta elke geest die als een grensbewaker bij de poort van mijn ziel staat, en verbied en herroep elk verdrag, elke toegang verleend, bewust of onbewust, elk verbond, of omgang bewust of onbewust. En ik open mijzelf voor Goddelijke bevrijding. Vader ga uw gang in mij nu op dit moment! Verander deze dingen aangaande mij (Deut. 5:9,7:8-9; Prediker 7:26; Handelingen 8:9-13; Jesaja 61:1; Galaten 5:1-2; 2 Timoteus 2:25; 1 Tessalonisenzen 5:23-24*)*.

Ik verklaar en beveel dat een schild van gebed, de zalving, muren van vuur, wolkkolommen, en een *bloedscheidingslijn* een muur van bescherming om mij heen bieden. Ze beschermen mij tegen laster van de vijand, familiaire geesten, elke vorm en alle demonische persoonlijkheden, zodat ze mij niet kunnen traceren in de hemelse gewesten. Er zullen geen gaten, noch bressen ontstaan in geen van deze vormen van bescherming (Psalm 91:1-16; Job 1:7-10; Exodus 12:13; Zacharia 2:5). *En Ik zelf, luidt het woord des HEREN, zal haar een vurige muur zijn rondom en heerlijkheid binnen in haar.*

Ik zet mijn naam vrij in de atmosfeer, en verklaar dat voorbidders en intercessors, profetische wachters op de muur, mijn naam oppikken in de geestelijke atmosfeer. Ik spreek dat zij niet zullen aflaten, totdat hun missie voltooid is. Ik verklaar dat ze hun voorbede missie zullen volbrengen onder de leiding van de Heilige Geest, en Jezus Christus welke is mijn hoogste Voorbede intercessor, en Hogepriester (Hebreeën 7:25; Romeinen 8:26-27; Lucas 18:7). *Zal God dan zijn uitverkorenen geen recht verschaffen, die dag en nacht tot Hem roepen, en laat Hij hen wachten?*

Ik verklaar dat de Geest des Heren op mij is. De Geest van Wijsheid, begrip, Goddelijke raad, Bovennatuurlijke macht, kennis, en de vreze van Jehova. Terwijl ik vooruitga, wordt ik bovennatuurlijk bekrachtigd en groei ik zowel in vaardigheid als begrip (Jesaja 11:2-3; Kolossenzen 1:9-11, 3:10; Efeziërs 1:17-18). *En op hem zal de Geest des HEREN rusten, de Geest van wijsheid en verstand, de Geest van raad en sterkte, de Geest van kennis en vreze des HEREN; ja, zijn lust zal zijn in de vreze des HEREN.*

Hij zal niet richten naar hetgeen zijn ogen zien, noch rechtspreken naar hetgeen zijn oren horen;

Ik wis uit en vernietig alle satanische impressies en beelden, illusies, projecties en percepties, suggesties, en vermoedens en verleidingen die zijn opgezet als lokaas voor mijn ziel, of in de val te lokken degenen die God heeft bestemd om voor mij te bidden, of om met mij te werken, of dagelijks omgang met mij te hebben. (Handelingen 13:50; 2 Tessalonicenzen 2; 1 Koningen 22:5-40). *Maar wij verzoeken u, broeders, met betrekking tot de komst van onze Here Jezus Christus en onze vereniging met Hem, dat gij niet spoedig uw bezinning verliest of in onrust verkeert, hetzij door een geestesuiting, hetzij door een prediking, hetzij door een brief, die van ons afkomstig zou zijn, alsof de dag des Heren reeds aanbrak. Laat niemand u misleiden, op welke wijze ook.*

Ik wedersta krachtig de listen van de duivel, en verbied het ontvoeren van mijn goddelijke gedachten, inspiraties, openbaringen, inzichten, kennis en begrip voortkomend van de Troon van mijn Hemelse Vader. Vooral datgene dat voortkomt om mij te stimuleren, onderhouden, vast te doen staan en te onderlijnen mijn autoriteit in Gods koninkrijk hier op aarde en in de hemelse gewesten om die uit te voeren tot verlossing van velen
(Efeziërs 6:11; Matheus 13:19). *Bij een ieder, die het woord van het Koninkrijk hoort en het niet verstaat, komt de boze en rooft wat in zijn hart gezaaid is: dat is de langs de weg gezaaide.*

Ik roep tot halt alle misleidende, verstorende en destructieve maatstaven. Voor dit doel is Christus geopenbaard, dat Hij de werken des duivels verbreken zou (1 Johannes 3:8; Johannes 2:15-17; Handelingen 16:16-19). *Wie de zonde doet is uit de duivel, want de duivel zondigt van den beginne. Hiertoe is de Zoon van God geopenbaard, opdat Hij de werken des duivels verbreken zou.*

Ik werp omver en zegevier over alle satanische beperkingen, verboden, en ontzeggingen. Ik gebied en verklaar dat alle zichtbare en onzichtbare muren zijn vernietigd (Colossenzen 1:16; Jozua 6:1). *Intussen had Jericho de poort gesloten; het was volkomen gesloten voor de Israëlieten; niemand kon daar uit of in gaan.*

Ik roep tot uitvoer Goddelijke oordelen tegen satanische en demonische activiteiten.
En ik voer de strijd in de geest van Elia en Jehu (1 Koningen 18:1-46, 2 Koningen 9-10:28).

Ik ontmantel, breng tot nul, en vernietig alle satanische opposities, manoeuvres manipulaties, strategieën, tactieken, samenzweringen, plannen, en listen, die wilden verhinderen of ontkennen, of frustreren en uitstellen, Gods originele plannen die snel en direct gemanifesteerd moeten worden, vooral in hun juiste tijd en seizoen (Daniël 7:25).

Ik verbied het veranderen van tijden of wetten aangaande mijn leven en bediening, en dat van mijn familie. Ik beweeg synchroon en exact in de choreografische en symfonische Goddelijke voorbestemde bewegingen (Genesis 1:1-5; Daniël 6:1-15, 7:15).

Ik gebied dat als wetten, instellingen, voorwaarden, rekeningen, en grondwetten gewijzigd worden, ze in mijn voordeel gewijzigd worden, zodat ik voorspoedig ben op de plaats van mijn opdracht en het land waarin ik woon daardoor welvarend is (Daniël 6:25-28). *Daarna schreef koning Darius aan alle volken, natiën en talen, die de ganse aarde bewonen: Uw vrede zij groot! Door mij wordt bevel gegeven, dat men in het gehele machtsgebied van mijn koninkrijk voor de God van Daniël zal vrezen en beven; want Hij is de levende God, die blijft in eeuwigheid; zijn koningschap is onverderfelijk en zijn heerschappij duurt tot het einde; Hij bevrijdt en redt, en doet tekenen en wonderen in hemel en op aarde, Hij die Daniël uit de macht der leeuwen heeft bevrijd. En deze Daniël stond in hoog aanzien onder het koningschap van Darius en onder het koningschap van Kores, de Pers.*

Ik beveel en verklaar dat mijn tijden en seizoenen in de handen van God zijn, en zij zullen door niets en niemand veranderd worden. Ik functioneer onder de zalving van de Zonen van Isachar, en God geeft mij de goddelijke mogelijkheid om accuraat mijn tijden en seizoenen te onderscheiden (1 Kronineken 12:32; Psalm 31:15; Prediker 3:1-8; Daniël 2:21-22).

Ik verklaar dat mijn geestelijke ogen functioneren met scherp zicht, en zuivere interpretatie en begrip

van Goddelijke ingrepen en veranderingen. Mijn oren horen en verstaan zuiver vanwege de juiste frequentie van de Heilige Geest, en ik ontvang alles van God uitgezonden
(2 Korintiërs 4:4; Psalm 119:18; Jeremia 1:11-16, 7:2; Efeziërs 4:18; 2 Koningen 6:17; Job 42:5; Jesaja 29:18; Openbaringen 4:1).

Ik verklaar dat ik vandaag handel overeenkomstig Gods planning en agenda, ik verklaar dat Gods agenda mijn agenda is. Ik ben niet van mijzelf, maar betaald met een dure prijs.
En daarom onderwerp ik mij aan Hem alleen.
Ik verklaar dat ik net als Jezus, deze dag instap.
"Ik kom zoals geschreven staat in het Boek over mij" (Psalm 40:7, Psalm 139:16, 1 Korintiërs 7:23, Jacobus 4:7).

Vader, werp de plannen van ruziemakers, lasteraars, mensen die mij belachelijk willen maken, het leven zuur willen maken, mij het goede niet gunnen, mijn karakter de grond in willen boren, **omver!**
Breng aan het licht en maak openbaar verlengstukken en mediums van satan, en geeft u mij de goddelijke strategieën en tactieken om ze te herkennen, te weder staan en te overwinnen de plannen en samenzweringen die bedoeld waren voor mijn ondergang (Psalm 5:10, 7:14-16, 34:21, 35:1-8, 52:5, 83:13-17, 141:10; Ester 9:25; Spreuken 26:27, 28:10; Daniël 3, 6; Matteus 7:15-23; 2 Korintiërs 11:14-15).

- Grijp schild en rondas, en stop hen terwijl ze naar mij onderweg zijn.

- Laten beschaamd en te schande worden wie mij naar het leven staan, laten terugdeinzen en schaamrood worden wie onheil tegen mij beramen.

- Laat hen door hun eigen raad vallen.

- Laten zij als kaf verstrooid worden door de wind.

- Laat de Engel des HEREN hen achtervolgen.

- Laat hun weg duister en glibberig zijn, terwijl de Engel des HEREN hen achtervolgt.

- Laten zij beschaamd staan die mij naar het leven staan.

- Laten zij verbijsterd en beschaamd staan die mij ondergang beramen.

- Moge het verderf plotseling over hen komen.

- Moge het verderf over hen komen zonder dat zij het merken.

- Moge het verderf dat zij voor mij verborgen hadden, henzelf vangen, zij vallen in het verderf.

- Laten zij verwond en vernietigd worden door de wapens die ze voor mij hadden ontworpen.
- Laten ze gevangen worden in de strik die ze voor mij hadden gespannen.
- Laten ze vallen in hetzelfde net, dat ze voor mij hadden uitgezet.
- Laten ze vallen in de put die ze voor mij hadden gegraven.
- Laten ze zelf aan de strop worden opgehangen die ze voor mij hadden klaargezet.
- Laten ze verbrand worden met hetzelfde vuur dat ze voor mij hadden aangestoken.
- Laten ze verslonden worden door dezelfde dieren die ze op mij hadden afgestuurd.
- Sla hen neer terwijl ze hun boze plannen beramen.
- Laat het onheil wat ze over mij beraamden, dubbel op hun eigen hoofd neer komen.
- Ruk ze uit hun woonplaats.
- Vaag ze weg uit het land van de levenden.

- Laat onheil hun treffen en verlatenheid hun deel zijn.

- Maak ze als een wiel dat maar rond draait in verwarring.

- Maak ze als kaf weggewaaid door de wind.

- Maak ze als hout verbrand door vuur.

- Achtervolg ze met Uw wervelwind.

- Laat angst en vrees hun hart vervullen.

- Laten ze voor eeuwig verward en gekweld zijn.

Ik neem ten dienste de Engelen van God om te strijden tegen de boze geesten (1 Samuël 17:1-58) Neem het commando over, maak een eind aan deze strijd, en plaats een gedenkteken voor alle verdere opwellingen van demonische en satanische activiteiten voortkomend uit:

- De onderwereld en zijn 6 regionen. (Jesaja 14:9, 15, 38:18; Daniël 7:1-28, Openbaring 20:13-14):

1. Dood (1 Korintiërs 15:55; Job 34:22)
2. Hel / Sjeool / Hades (Jesaja 14:19)
3. Het graf, of dodenrijk (Ezechiël 31:15; Jesaja 38:10)
4. De put (Ezechiël 32:23)
5. De afgrond, de lagere delen van de put,

de groeve (Jesaja 38:17; Psalm 30:3)
6. Regionen van de zee (Efeziërs 6:16; Job 41:1-25)

- Hemelse gewesten (Efeziërs 2:6, 6:12; Openbaring 12:7)
- Aardse, onderaardse, en hemelse domeinen (Jeremia 1:10; Jesaja 14:12-14; Lucas 11:16-26; Romeinen 8:14-23; Fillippenzen 2:10)

Ik plaats het profetisch woord bovenop alle aborterende maatstaven, strategieën, en tactieken van de vijand (1 Tim. 1:18-20).

Ik vernietig en verwerp overeenkomstig Jesaja 54:17 :
- Alle slechte woorden
- Alle kwaadsprekerij
- Verwensingen
- Alle toverij, en betovering
- Alle waarzeggerij
- Vloeken
- Vervloekingen
- Hekserij en toverij, en hun verwensingen
- Elk ijdel, nutteloos woord gesproken tegen Gods originele plannen en doelen

Ik herroep elke vloek die deze uitingen vergezeld, en verklaar en beveel dat:

- Ze niet zullen uitkomen.
- Ze nooit stand zullen houden.
- Ze geen wortel kunnen schieten, d.w.z. geen

grond vinden om in op te komen.

- Hun gewelddadige uitingen zullen 2x zo heftig tot ze terugkeren.

Ik verklaar dat elke leugenlip verstomd, elke leugen zal aan het licht komen, en de waarheid zal zegevieren. Plaats een haak in hun neusgat, beteugel hun lippen, en bewaar mij van hun geselende woorden.

Ik kom op tegen leugen, laster en roddel, speculaties, zwart afschilderen, en karaktermoord. Vader laten de hemelen zich neerbuigen met Goddelijke rechtspraak; slinger Uw bliksem en verstrooi hen, werp Uw pijlen en breng hen in verwarring, Strek Uw hand uit en bevrijd en red mij. Ik zal geen enkel terrein of territorium kwijtraken door hun ondermijnende activiteiten of initiatieven (Psalm 144:5-7; 1 Koningen 21:1-16).

Ik verbied elke beïnvloeding door de aanklager van de broeders, van wie dan ook, noch zijn ziel of gedachten die in contact met mij treed (Openbaringen12:10).

Ik herroep en vernietig elk effect van stigma's, en verklaar dat Goddelijke gunst, genade, en eer en goede wensen nu alle negatieve gevoelens, gedachten en zienswijzen vervangen. Aangaande mijzelf, het werk, de bediening tot welke ik geroepen ben om die te vervullen.

Ik verklaar en verorden dat grootmoedigheid, plezier, genoegen, edelheid, en grootheid nu mijn deel zijn (Genesis 12:1-3; Psalm 5:12).

Vader frustreer alle tekenen en bezweringen, zogenaamde wonderen van de heksen en tovenaars, zoals U dat deed met Jannes & Jambres in de dagen van Mozes.
Verwar de voorspellingen van de leugenaars, astrologen, mediums, waarzeggers, tovenaars, en alle soortgelijken. Maak alle duivelskunstenaars tot dwazen, en hun duivelskunsten tot dwaasheid. (Jesaja 44:25; 2 Timoteus 3:8) *die de tekenen der leugenprofeten tenietdoe en de waarzeggers als dwazen aan de kaak stel; die de wijzen doe terugwijken en hun kennis tot dwaasheid maak; Zoals Jannes en Jambres, de tegenstanders van Mozes, staan ook dezen de waarheid tegen; het zijn mensen, wier denken bedorven is, en wier geloof de toets niet kan doorstaan.*

Bestraf en ontmantel alle satanische verbonden en arresteer ze door Uw Geest. Laat iedere verscholen en of geheime poging of onderneming falen (Nehemia 4:7-8; Esther 3-9:32; Job 5:12-14; 2 Kronieken 20:35; Psalm 35:4, 55:9, 70:2, 83:17, 129:5).

- Vernietig de voornemens en plannen van de listigen zodat hun handen niets kunnen uitrichten.

- Moge het verderf over hen komen, zonder dat zij het merken; het net, dat zij verborgen hadden, vangt henzelf, zij vallen in het verderf.

- Overdag stuiten zij op duisternis en op de middag tasten zij rond als bij nacht.
- Zet vrij Goddelijke virussen die satanische databases infecteren, en beveel dat ze verteerd en vernietigd worden.
- Laat alle toekomstige duivelse communicatie en ieder netwerk falen. Elke poging zal alleen maar onsamenhangendheid en verwarring teweeg brengen.
- Breng een geest van verwarring onder hen en verdeel hun spraak.
- Laten hun meningen verdeeld zijn.
- Vernietig elke aanval van wraak en vergelding.

Bevestig de woorden van uw dienstknecht in hun midden, en laat in vervulling gaan hetgeen u voorzegd heeft (Jesaja 44:26).

Stuur hemelse en profetische aanvallen en tactieken tegen elke duivelse geheime dienst (Jozua 5:13-14; Psalm 103:20-22).

Arresteer degenen die functioneren in de geest van Izebel of Belial. Laten ze de zalving niet kunnen weerstaan, noch autoriteit overweldigen, noch enig terrein winnen in het natuurlijke of in het geestelijke rijk (1 Samuël 10:27; 1 Koningen 19:1-5, 21:1-16).

Ik beveel dat elke satanische openbaring of uitkomst wordt verhinderd, en ik spreek dat er goddelijke mislukkende maatregelen en miskramen plaatsvinden in satanische baarmoeders, schoten en broedplaatsen (2 Korintiërs 10:5). *Zodat wij de redeneringen en elke schans, die opgeworpen wordt tegen de kennis van God, slechten, elk bedenksel als krijgsgevangene brengen onder de gehoorzaamheid aan Christus.*

Nu Vader, u heeft mij een grote opdracht gegeven om voor u te arbeiden. Ik strijd voor het vrijkomen van alle financiën en bronnen die mij toebehoren. Alles wat reeds voor de grondlegging der wereld voor mij is toebereid, wat betrekking heeft op mijn leven, (mijn bediening, roeping) en Godvrezendheid, gebied ik nu naar mij toe te komen. Het zal mij niet geweigerd worden. Ik zal geen surrogaat accepteren.

Ik roep tot mij hulpbronnen vanuit het noorden, zuiden, oosten en westen. Ik verklaar en beveel dat elke hulpbron die zich voor mij moet openen om Gods originele plan voor mijn leven te vervullen, zich nu opent en naar mij toestroomt zonder uitstel (2 Petrus 1:3-4). *Zijn goddelijke kracht immers heeft ons met alles, wat tot leven en godsvrucht strekt, begiftigd door de kennis van Hem, die ons geroepen heeft door zijn heerlijkheid en macht; door deze zijn wij met kostbare en zeer grote beloften begiftigd, opdat gij daardoor deel zou hebben aan de goddelijke natuur, ontkomen aan het verderf, dat door de begeerte in de wereld heerst.*

Ik beveel en verklaar dat de rijkdommen van de onrechtvaardige niet langer voor mij zijn weggelegd, maar dat ze zijn vrij gezet om tot mij te komen. Laat hen die langer dan nodig mijn rijkdommen vasthouden, geteisterd en gekweld worden zonder aflaten, totdat ze hebben overgedragen wat mij rechtmatig toebehoord. Ik beveel satan het op te hoesten, uit te spugen, los te laten, vrij te zetten, over te dragen, en vrij te laten (Psalm 66:12; Prediker 2:26; Job 20:15-18). *Want aan een mens die Hem welgevallig is, geeft Hij wijsheid, kennis en vreugde; maar hem die niet welgevallig is, geeft Hij de taak om te verzamelen en bijeen te brengen, ten einde dit te geven aan wie Gode welgevallig is.*

Jehova Jireh, neem alle kracht van de koningen weg, beveel dat in de Naam van Jezus de koninkrijken en steden zich zullen overgeven (de poorten zich zullen openen). Ga mij voor en maak de kronkelpaden en oneffenheden recht. Breek in stukken, ja verbreek alle koperen poorten en deuren en verbrijzel ijzeren grendels. Voorzie voor mij overeenkomstig uw rijkdom in glorie, Uw liefhebbende genade en onmetelijke gunst; de schatten van de duisternis en de rijkdommen van de verborgen plaatsen (Jesaja 45:1-3). Ik verklaar dat de Zalving van Cyrus (Kores) ongehinderd en onvervuild door mijn leven stroomt (Jesaja 60:10-17; Fillippenzen 4:19).
Zo zegt de HERE tot zijn gezalfde, tot Kores, wiens rechterhand Ik gevat heb om volken voor hem

neer te werpen: de lendenen van koningen ontgord Ik; om deuren voor hem te openen, geen van de poorten blijven gesloten. Ik zelf zal voor u uitgaan en de oneffenheden effenen; koperen deuren zal Ik verbreken en ijzeren grendels verbrijzelen.
En Ik zal u geven de schatten der duisternis en de rijkdommen der verborgen plaatsen, opdat gij weet, dat Ik, de HERE, het ben, die u bij uw naam riep, de God van Israël.

Heft, poorten, uw hoofden omhoog, en verheft u, gij aloude ingangen, opdat de Koning der ere inga. Wie is toch de Koning der ere? De HERE, sterk en geweldig, de HERE, geweldig in de strijd. Heft, poorten, uw hoofden omhoog, en verheft ze, gij aloude ingangen, opdat de Koning der ere inga (Psalm 24:7-10). Ik verklaar en kondig aan dat mijn bewustzijn Hem geen toegang kan weigeren. Daarom zal mij eveneens niets geweigerd worden wat mij rechtmatig toekomt.

Ik beveel en verklaar dat voor mij wordt vrij gezet:

- Het vermogen van de heidenen
- Het goud en zilver van mijn profetisch Tarsus
- Mijn profetische Koningin van Seba, die komt beladen met allerlei geschenken, bronnen, begaafdheden, bezittingen en goederen, geschikt voor zonen en dochters van de Koning der koningen.

Ik beveel en verklaar dat ik de melk van de volken zal zuigen, ja koninklijke borsten (Jesaja 60:16). Ik zal vergroot worden, de rijkdom van de zee zal tot mij komen (Jesaja 60:5). De zonen van vreemden zullen mijn muren bouwen, en koningen zullen mij bedienen (Jesaja 60:10, 60:1-22; Job 27:16-17).

Ik beveel en verklaar dat God mij gebracht heeft in mijn staat van rijkdom, (gefortuneerde staat) en ik verblijf in mijn profetisch Gosen. Ik neem toe in vermogen, en ik ben voorspoedig in het land waarin ik woon, en waar ik naartoe ben gestuurd als afgevaardigde of ambassadeur van God. Als zijn officiële vertegenwoordiger, worden alle diplomatische en aristocratische rechten, voorzieningen en privileges, respect en eer aan mij verleend. Gunst, waarheid, goedheid en genade zijn mijn bodyguards.

Ik beveel en verklaar dat wijsheid mijn raadgever is, de Heilige Geest is mijn adviseur, Jezus Christus is mijn Advocaat. God, El-Eljon, mijn enige Rechter heeft verklaard en daarmee stel ik vast dat mijn officieren bestaan uit vrede, mijn eisen uit gerechtigheid, mijn muren uit redding, en mijn poorten uit lofprijs (Genesis 47:27; Jesaja 60:17-18).

Ik verorden en verklaar dat mijn vastgestelde tijd van gunst niet gedwarsboomd of verijdeld zal worden (Psalm 102:13). *Gij zult opstaan, U over Sion erbarmen, want het is tijd haar genadig te zijn, want de bepaalde tijd is gekomen;*

Ik zet vrij over mijn leven, bediening, de levens van mijn familieleden, deelgenoten en vrienden de volgende zalving voor welvaart en voorspoed, zodat alleen de naam van God en niemand anders verhoogt zal worden:

- Jabes zalving (1 Kronieken 4:10)
- Abrahams zalving (Genesis 12:1-3)
- Melchizedeks zalving (Genesis 14:18; Hebreeën 5:6-10)
- Jozefs zalving (Psalm 105:21)
- Jacobs zalving (Genesis 28:1, 30:43)
- Izaaks zalving (Genesis 26:1-14)
- Messias zalving (Lucas 8:1-3)
- Salomo's zalving (1 Kronieken 29; 2 Kronieken 9)
- Zevenvoudige zalving van Eden (Genesis 1:28, 30; 2:15)
- Uzzia's zalving (2 Kronieken 26:5-15)
- Jozua's zalving (Jozua 6:1-3)

Ik word dagelijks overgoten met weldaden en geluk (Psalm 68:19).

Ik kom op tegen elke geest van beroving en verlies. De Here maakt al het werk van mijn handen voorspoedig. Door Hem en dankzij Hem kan ik grote daden doen. En nogmaals herhaal ik, ik zal niet geweigerd worden (Daniël 11:32)!

Ik verklaar succes en vooruitgang in Jezus Naam (2 Korintiërs 2:14).

Ik beveel en verklaar dat Het Koninkrijk van de Hemel heerst en regeert (Openbaring 11:15).

Ik gebied deze woorden te waaien als de Euroclydon stormwind in de geestelijke wereld en te vernietigen en uit te roeien alle vijandelijke kampen. Laten de vier winden van de Geest en van de hemelen waaien als vernietigende en verdelgende winden (Jeremia 51:1).

Ik beveel en verklaar dat dit gebed, alle toekomstige gebeden, de vorm en eigenschappen aannemen van Goddelijke afgeschoten projectielen in de geestelijke wereld die hun doel nauwkeurig raken (Psalm 57:2-3).

Ik verorden dat de wetten, waardoor deze gebeden, oorlogsstrategieën en tactieken, regeren en heersen, bindend zijn door het Woord, het Bloed en door de Geest (1 Johannes 5:7-8).

Ik beveel dat iedere geest op missie gestuurd met een duivelse opdracht nu een onderdeel wordt van Jezus zijn voetenbank (Psalm 110:1).

IK VERZEGEL DIT GEBED IN JEZUS NAAM….
AMEN!

Woordenlijst

Aanwakkeren / roeren
Een vertegenwoordiger, handeling, voorwaarde die teweegbrengt, of verhoogd een psychologische of fysiologische activiteit of reactie.

Afdwingen
Handhaving of opleggen van een voorschrift of regel.

Arresteren
beslag leggen op, bij besluit vaststellen, onderwerpen aan een wet.

Bedekte werken
Verscholen, verborgen niet snel zichtbare activiteiten.

Beperking
Alles dat tegenhoudt, controleert, bedwingt, begrenst.

Bestoken
Iemand heel kwaad of ongeduldig maken, door verstoring en irritatie die bedreigend of ondermijnend is voor iemands persoonlijke vrede, rust en kalmte. Satans ultieme plan is door oppressie zijn slachtoffers te maken.

Bevel
Een verplichte mandaat, of opdracht die verzekerd tot onderwerping.

Bevestigen
In een wet omzetten, stevig vastzetten.

Bewering / Suggestie

Een staat waarin men verkeerd, gemarkeerd door conflicten, wanorde en verdeeldheid wedijver en vijandige ontmoetingen. Satan neemt in dienst demonische geesten die wanorde willen scheppen in relaties, vooral die een goddelijke bestemming in zich hebben.

Binden

Iemand boeien, in zijn vrijheid beperken. Het verhinderen van ongewenste geestelijke activiteiten (zoals u dat zou doen bij het uitvaardigen van een wet). Satan is verplicht deze wetten te gehoorzamen, door u uitgesproken.

Bondgenoot

Een medestander (persoon, groep van personen, land) met wie men verenigd, of door geassisteerd wordt in een criminele handeling

Deceptie / Illusie

De intentie hebben om te bedriegen, misleiden, een wilsbesluit om bewust zaken anders voor te spiegelen dan de waarheid. Paulus waarschuwt ons niet vroegtijdig te oordelen. Ook spoort hij ons aan te wandelen naar de Geest, zodat wij niet toegeven aan de lusten van het vlees (Galaten 5:16).

DNA

hoogmoleculaire verbinding als basis van de genen en chromosomen *desoxyribonucleïnezuur, erfelijkheidsmateriaal, erfelijk materiaal, genetisch materiaal.* Deze Moleculen zijn opgebouwd uit lange ketens als een spiraal gevlochten aan elkaar die zich in een bepaalde volgorde herhalen, ze komen uitsluitend in levende wezens voor en zijn dragers van de genen, aangenomen wordt dat demonische geesten (gekend als geesten van overdracht) zich vasthechten aan deze DNA en zo overdraagbaar zijn als zogenaamde neigingen, bizarre gedragingen, familie karaktertrekken, en eigenaardigheden.

Forceren / opleggen
Iets bovenop iets anders plaatsen of leggen, en mede daarmee de werking en het effect van het eerstgenoemde beperken of onderdrukken.

Geest
Een bovennatuurlijk wezen.

Geestelijke abortus
Zoals het is in het natuurlijke zo ook in het geestelijke. De vijand probeert gevangen te nemen, of te arresteren, baarmoeders van de Geest om die te vernietigen, zodat zijn plannen de Goddelijke plannen overnemen.

Geestelijke incubatie
In een geestelijke atmosfeer verkeren, ontworpen om tot optimale Goddelijke of satanische plannen en doelen te worden gelanceerd in de toekomst.

Geestelijke miskraam
Spontane, geestelijke door satanisch ingeleide verliezen van Goddelijke doelen en bestemming.

Geestelijke Baarmoeder
Geestelijke dimensies waar iets wordt ontwikkeld, wachtend op het meest geschikte moment om dit ten uitvoer te brengen.

Gosen
Een profetische en geestelijke plaats in God waar gelovigen beschermd worden tegen oordelen en demonische activiteiten die opgelegd willen worden op bepaalde personen, wonend in een specifiek gebied of locatie.

Heersen/ regeren
Een wet of verordening, vonnis of uitspraak, een autoritaire beslissing, of regelgeving aangekondigd door een wettige of onwettige autoriteit, na aanzienlijke beraadslaging.
In dit geval werpen wij omver, elk door satan ingestelde overheersing, omdat zijn autoriteit is overwonnen, en tevens illegaal en onwettig is.

Illusie
Een verkeerd beeld van de werkelijkheid.

Impressie
Misleidende waarneming, gedachte of gevoel geprojecteerd op een persoon, door een geestelijke bron buiten die persoon zelf.

In dienst nemen
De diensten of hulp van iemand aanwenden.

Interruptie
Door om te leiden of door interruptie de voortgang of een voorgenomen route te stoppen.

Ondergeschikte
Datgene wat onderworpen is aan de autoriteit of controle van een ander.

Onderhandelingen
De capaciteit en kunde om middels afdingen een overeenkomst te bereiken. Maar als gelovigen moeten wij dat nooit en te nimmer doen met de vijand.

Open of zichtbare werking
Tegenovergestelde van een bedekte handeling, hier is het echter duidelijk en makkelijk te herkennen wat de vijand doet.

Omverwerpen
Destructie aanbrengen en neerhalen door strategische manoeuvres en afdoende tactieken.

Onwettig verklaren
Weigeren goed te keuren, weerstaan.

Omverwerping
Georganiseerde oppositie die de intentie heeft autoriteit omver te werpen.

Projectie
Houdingen, gevoelens, veronderstellingen, toegevoegd aan of opgelegd aan iemand anders.

Provocatie
Een verstorende stimulus die expres opstookt tot opruien. In het geval van Satan, zijn het altijd acties en activiteiten tegen de wil van God voor uw leven.

Reglement van het gevecht
Een instructie of richtlijn uitgevaardigd door een bekwame en bevoegde militaire autoriteit, welke beschrijft onder welke beperkingen en omstandigheden, de troepen zullen aanvangen met het uitvoeren van de strijd tegen andere mogendheden.

Satanisch Verbond
Verbonden eenheid aangewakkerd en samengehouden door geesten, geformeerd om de belangen van Satan te behartigen.

Satanisch concentratie
Een totale focus van satanische krachten op individuen, organisaties, regeringen, bedieningen, etc. Satan focust zich meestal op één persoon van een familie, kerk, territorium, of groep mensen die afwijkt van de rest. Meestal heeft zo iemand een goddelijke roeping op zijn of haar leven, deze vormen een bedreiging voor satan, en dit probeert hij te aborteren, neem als voorbeeld, Jozef, het volk Israël, Ester, Daniël, en Jezus.

Satanische database
Om in het hedendaags computertaal uit te drukken, gebruikt satan informatie die hij download en gebruikt tegen de heiligen als aanklacht voor de troon van God. Ook gebruikt hij informatie om de gelovigen te

ontsporen, te ondermijnen en te vernietigen.

Satanische baarmoeder
Geestelijke dimensies waar satanische plannen en samenzweringen, scenario's worden gebroed, wachtend op het meest geschikte moment om dit ten uitvoer te brengen.

Stigma
Slechte naam of oneer, ontworpen om een reputatie te ondermijnen, integriteit, invloed, of geestelijke autoriteit.

Strategie
De wetenschap en kunst van een militair commando toepassen op een hele oorlog of invallen bij grote schaal operaties.

Sterke man
Een vorst van hoge rangorde, die toegewezen is als poortwachter tot een persoon, groep mensen, of geografische regio. Dit wezen is verantwoordelijk om te beschermen wat satan tot zijn eigendom heeft verklaard.

Suggestie
Waarschuwingen, hints, of aanwijzingen die subtiel aanwijzen dat u iets over het hoofd heeft gezien, of niet van bewust bent.

Tussenkomst
Een satanische actie of moment van verhindering van Gods werk om zo de vervulling van bestemming en

doelen te belemmeren.

Uitvoeren
Actie ondernemen in overeenstemming met specifieke Goddelijke vereisten.

Uitwissen
Zodanig vernietigen dat er geen bewijs van bestaan overblijft.

Verbieden
Weigeren toe te staan, of weigeren toe te laten.

Verbod (en)
Iets innerlijks of van buitenaf dat de juiste reactie verhinderd, weerhoud, blokkeert, of onderdrukt.

Verklaren
Met kracht en autoriteit uitspreken.

Verordenen
Een opdracht, bevel of instructie met autoriteit uitvaardigen. In onze rol als deel van Gods Koninkrijk moeten wij deze Goddelijke jurisdictie aanvaarden, en effectief toepassen door onze kracht uit te oefenen door het gesproken Woord.

Vrijzetten
Losmaken van een opdracht, een bindende activiteit, of een niet wenselijke staat van gevangenschap. Als gelovigen hebben wij de kracht om alle demonische geesten van al hun duivelse taken en opdrachten door

Satan hun opgedragen tegen de wil van God, op te heffen.

Verhinderen
Een wet, bevel, of verklaring die verbied, beperkt, stopt dat er iets voorvalt.

Weerstaan
Uitdagend en moedig standhouden tegen acties en effecten van een ander.

Wonen
Woonplaats, huis of residentie.

Overige Werken van Dr. N. Cindy Trimm

Om uw gebeden te verrijken, en uw gebedstijd te vergroten, zijn de volgende boodschappen beschikbaar op cassette, CD, boek of bladwijzer vorm:

The Rules of Engagement, Volume II:
Binding the Strongman

The Rules of Engagement, Volume III:
Satanic Weapons Exposed

The Rules of Engagement, Volume IV:
The Weapons of Our Warfare
(planning van uitgave 2006)

The Rules of Engagement, Volume V:
The Spirit of the Watchman
(planning van uitgave 2006)

The Rules of Engagement, Volume VI:
Using the Names of God
(planning van uitgave 2006)

The Rules of Engagement, Volume VII:
The Power of the Anointing
(planning van uitgave 2006)

The Rules of Engagement, Volume VIII:
The Prayer Journal
(planning van uitgave 2006)

Who I Am in Christ
What I believe the Lord for
The Battle Cry of a Warrior
Millennium Creed
Names of Jesus
Names of the Holy Spirit
Prayer for the Saints

Over de schrijfster

Al meer dan 25 jaar is deze dynamische multi begaafde wereld veranderende schrijfster bezig, mensen toe te rusten om hun bestemming te bereiken en hun potentieel te maximaliseren.
Zeer gerespecteerd door mensen van verschillende komaf, wordt ze gezien als een onderwijzeres, predikster, coach, mentor, consultant, auteur, en voormalig overheidsenator, reikt Dr. N. Cindy Trimm naar de diepten van haar eigen bestaan, verrijkt door haar kennis, ervaringen en wijsheid, en giet dat belangeloos in de levens van vele anderen.

Een zeer gewaardeerd en veelgevraagd spreekster, stichtster en oprichtster van een netwerk van bedrijven en ministeries, reist Dr. Trimm door Noord en Zuid Amerika, Europa, Het Caribische gebied, en Afrika. Haar unieke stijl is doordrongen van intellectuele uitdagende commentaren, revolutionaire inzichten, en hedendaagse praktische toepassingen. Zij heeft ontelbare onderscheidingen en eerbewijzen ontvangen waaronder die van de Koningin van Engeland, de Graaf van Edinburgh, en de Gouverneur van Bermuda.

Dr. Trimm staat op de wereldlijst van de 500 invloedrijke Leidinggevenden, 200 notabele Amerikaanse vrouwen, de internationale Who's Who (Wie is Wie) van professionele zakenvrouwen; nog meer onderscheidingen zoals voortreffelijke Christelijke vrouw van het jaar, Vrouw van het jaar voor buitengewone Maatschappelijke en Professionele prestaties, en de 20-ste Eeuw onderscheiding voor prestaties.

Een hooggewaardeerde succesvolle coach en voorspoed mentrix, zowel voor maatschappelijk als geestelijk leiderschap, met recht een leider van leiders, ze verklaart nadrukkelijk, “Al deze dingen die mij eens zo waardevol schenen, heb ik nu opzij gezet, zodat ik mijn vertrouwen en hoop volledig op Christus kan vestigen. Al het andere valt daarbij in het niet als ik het vergelijk met verrijking die komt door het kennen van Christus Jezus als mijn Heer.”

Voor meer informatie over boekingen
en of bestellingen:
Cindy Trimm Corporation
P.O. Box 101240
Ft. Lauderdale, Fl 33311
www.cindytrimm.com
Voor de nederlandse vertaling van alle boeken
van dr Cindy Trimm.
www.theeartist.nl
Fax: +31(0)20 6108098

www.ingramcontent.com/pod-product-compliance
Ingram Content Group UK Ltd.
Pitfield, Milton Keynes, MK11 3LW, UK
UKHW021642190726
13853UKWH00001B/8

9 789079 080014